LE PROCÈS
DES SORCIÈRES DE SALEM

— Quand le diable colonise l'Amérique

par Jonathan Duhoux

50MINUTES

Avec la collaboration de Guillaume Hairy

LES SORCIÈRES DE SALEM — 5

CONTEXTE — 7
Les sorcières, seconds de Satan
L'Amérique, terre d'hérésies
Salem, refuge puritain

LE PROCÈS DES SORCIÈRES DE SALEM — 12
Les peurs infantiles, la meilleure arme de Satan
Le ballet des accusations
Jugements et condamnations

RÉPERCUSSIONS — 22
La chute de Salem et des puritains
Les causes d'une hystérie collective
Quand les bourreaux demandent pardon

EN RÉSUMÉ — 26

POUR ALLER PLUS LOIN — 28

LES SORCIÈRES DE SALEM

- **Quand ?** En 1692.
- **Où ?** À Salem dans le Massachusetts (Nouvelle-Angleterre).
- **Contexte ?** L'histoire coloniale américaine.
- **Protagonistes ?** Les habitants de Salem Village et de ses environs.
- **Répercussions ?**
  - La condamnation à mort de 19 personnes, la mort de huit autres et l'emprisonnement de plus de 150 suspects.
  - Le déclin de l'influence puritaine en politique.
  - L'interdiction de porter des accusations pour sorcellerie en Nouvelle-Angleterre.

Au XVIIe siècle, le Massachusetts est une colonie prospère et un refuge pour les puritains qui fuient les persécutions dont ils font l'objet en Angleterre. Harcelés continuellement par les Français et les Indiens, les colons anglais n'en fondent pas moins des villes florissantes, comme Salem, non loin de Boston. Mais ces conflits permanents font jaillir un climat d'angoisse. Si bien qu'en janvier 1692, de banales crises d'hystérie provoquent une psychose sans précédent dans la population de Salem Village. Plusieurs enfants présentent en effet des symptômes étranges : la fille et la nièce du révérend Parris semblent possédées par des démons. Interrogées, les jeunes filles livrent le nom de plusieurs sorcières. L'une d'entre elles, l'esclave des deux jeunes filles, se confesse rapidement aux magistrats et avoue avoir passé un pacte avec le diable, qui l'oblige depuis lors à tourmenter ses jeunes maîtresses. En outre, elle affirme qu'il existe de très nombreuses autres sorcières. Les habitants sont effrayés et tous pensent que Satan cherche à détruire la nouvelle terre des puritains. Les magistrats se montrent dès lors implacables face à la sorcellerie, emprisonnant plus de 150 prévenus, dont 19 seront pendus.

S'il s'agit d'un événement certes limité, le sujet s'est très vite emparé de l'imaginaire collectif et continue de marquer les esprits trois siècles plus tard.

LES SORCIÈRES, SECONDS DE SATAN

Depuis toujours, les sorcières occupent une place prépondérante dans l'imaginaire. Si elles sont souvent décrites comme inoffensives, possédant même des dons de guérisseuses, ou encore marginales, elles sont pourtant pourchassées depuis la nuit des temps. Dans l'Ancien Testament, les pratiques de sorcellerie sont considérées comme des abominations, et « seront [dès lors] puni[e]s de mort [...] » (Lv 20, 27), mais la figure de Satan reste très peu présente. Le Nouveau Testament garde la même ligne de conduite et condamne lui aussi toutes les pratiques magiques.

C'est aux chrétiens que l'on doit l'image du diable comme antithèse de Dieu et prince des Ténèbres. Le Malin pervertit les faibles, corrompt leur âme, et incarne une menace matérielle contre le domaine spirituel. Si la foi du chrétien faiblit, Satan risque de l'écarter du droit chemin par sa malice pour l'emmener en enfer. Durant les premiers siècles du Moyen Âge, l'Église s'en tient toutefois aux considérations théoriques, et rejette les témoignages de sorcellerie comme des boniments de vieilles femmes.

Après l'épisode tragique de la Peste noire (1346-1352) qui décime l'Europe, tuant près de 25 millions de personnes, les certitudes et les croyances sont mises à mal. Alors que le malaise est général, l'inquisition invente le satanisme en tant que culte organisé hostile à Dieu. L'Église mélange allègrement les notions de sorcellerie et d'hérésie, ce qui lui permet de juger tout manquement à la foi comme une perversion du Malin. Pour les inquisiteurs, la sorcellerie concerne avant tout les femmes qui sont jugées plus faibles et sensibles à la suggestion ainsi qu'aux passions. Tous ces éléments contribuent à faire d'elles des victimes qui livrent plus facilement leur âme au diable. En parallèle, les théologiens créent une abondante littérature démonologique, dont l'un des plus célèbres ouvrages est le *Malleus Maleficarum* (« *Le Marteau des sorcières* ») publié en 1487, qui fournit toutes les informations nécessaires pour détecter les sorcières et les éliminer.

Dans l'imaginaire collectif, les sorcières se rassemblent dans les bois pour participer à des sabbats, qui sont le lieu d'immenses orgies et de monstruosités en tout genre : elles utiliseraient de la chair broyée pour préparer des décoctions maléfiques, s'accoupleraient avec Satan pour engendrer des engeances démoniaques et seraient même capables de jeter des sorts d'un simple regard. Face à un tel ennemi, les démonologues préconisent une répression violente. Sous la contrainte de la torture, des milliers de femmes finissent ainsi par avouer tout ce que suggèrent leurs bourreaux, afin de mettre fin à leur supplice.

À la fin du XVIIᵉ siècle, les procès contre la sorcellerie se font moins nombreux en Europe, et les bûchers s'éteignent complètement durant le siècle suivant, les esprits s'éclairant sous l'impulsion des Lumières. Mais en Amérique, les colons européens sont confrontés à un nouveau monde, mystérieux et hostile, qui fait ressurgir les peurs ancestrales.

L'AMÉRIQUE, TERRE D'HÉRÉSIES

Dès la fin du XVIe siècle, l'Angleterre part à la conquête du monde, en colonisant de nouveaux territoires. Elle s'appuie pour ce faire sur une puissante flotte, la navy royal (qui devient la Royal Navy en 1660), qui affirme sa suprématie durant le XVIIe siècle.

Sous le règne de Jacques Ier (1566-1625), roi d'Angleterre dès 1603, les Britanniques entament la conquête de l'Amérique dans le but de favoriser l'économie grâce à l'essor démographique. Accroître la population devient donc une priorité, et les Anglais fondent 13 colonies de peuplement le long de la côte orientale.

Les chiffres concernant la population restent assez imprécis, faute de recensements. Parmi les colonies anglaises, le Massachusetts connaît une expansion démographique particulièrement importante. Constituée d'à peine un demi-millier de colons en 1630, la population dépasse les 50 000 âmes à la fin du XVIIe siècle. Les villes de Boston et de Salem, particulièrement prospères, attirent en effet de très nombreuses familles migrantes.

En Nouvelle-Angleterre, l'accent est mis sur l'évangélisation des autochtones, comme le démontre la charte de la Massachusetts Bay Company : « La fin principale de l'implantation [est] de gagner et d'inciter les naturels du pays à la connaissance et à l'obéissance du seul vrai Dieu et Sauveur de l'Humanité, et de la foi chrétienne. » (Cité par BERNAND (Carmen) et GRUZINSKI (Serge), *Histoire du nouveau monde*, tome 2, Paris, Fayard, 1993, p. 611).

Alors que, dans un premier temps, la plupart des Amérindiens offrent un accueil très favorable aux colons, et que les puritains s'initient à la culture des produits locaux, certains d'entre eux semblent fasciner par les indigènes et finissent par s'affranchir des lois et renier Dieu.

Remarquant cela, les prédicateurs puritains radicalisent leurs discours et présentent les indigènes comme des pécheurs, voire comme une race satanique envoyée par le Malin pour empêcher le christianisme de s'implanter sur ces terres nouvellement colonisées. Par conséquent, les colons qui s'étaient adaptés à la culture indigène s'en détachent, et les conflits entre les deux civilisations se multiplient. Les Amérindiens perdent nombre des leurs au cours de batailles, mais également à la suite de maladies apportées par les colons contre lesquelles ils ne sont pas immunisés.

À cela s'ajoute un autre ennemi, les Français qui lorgnent les territoires des colonies anglaises. Souvent alliés à des tribus indiennes, ceux-ci mènent la vie dure aux colons anglais.

SALEM, REFUGE PURITAIN

À la fin du XVIe siècle, les puritains sont persécutés en Angleterre. La reine Élisabeth Ire (1533-1603) et ses successeurs n'apprécient guère les revendications de ce courant calviniste, dont les membres souhaitent purger l'Angleterre des catholiques et ambitionnent de prendre le pouvoir afin d'imposer leur vision à la société. Persécutés, les puritains s'exilent en masse vers le Massachusetts, une terre nouvelle qui leur permet de façonner un monde selon leurs idéaux.

Après la création de Plymouth, un petit groupe de colons puritains fonde Salem en 1628 sur les rives de la baie du Massachusetts, où les terres sont fertiles. La charte de la Massachusetts Bay Company, habilement négociée avec le roi, leur permet d'être quasiment indépendants de l'Angleterre. Pour bénéficier du droit de résider en ces lieux, les colons doivent signer un contrat stipulant qu'ils obéissent aux préceptes puritains : croire au seul vrai Dieu, travailler durement, être rigoureux et discipliné et défendre la liberté. Plaçant au premier plan l'éthique du travail et le sens de l'épargne, les signes extérieurs de richesse sont pour eux le reflet du mérite personnel et d'une approbation divine.

La population, majoritairement agraire, s'enrichit rapidement de nombreux immigrants. La ville s'étend de plus en plus loin, si bien qu'elle forme rapidement plusieurs communautés : Salem Town reste la principale et la plus prospère ; Salem Village, aussi appelée Salem Farms (aujourd'hui Danvers), rassemble quant à elle des concessions plus isolées. C'est dans cette dernière communauté que vont se déclencher les dramatiques événements de 1692.

LE PROCÈS DES SORCIÈRES DE SALEM

LES PEURS INFANTILES, LA MEILLEURE ARME DE SATAN

C'est au sein même du presbytère que le Mal se manifeste pour la première fois à Salem Village. Depuis 1689, le lieu est occupé par le révérend Samuel Parris (1653-1720), sa famille et ses serviteurs. Homme assez amer, le révérend Parris n'assume pas ses nombreux échecs : sa plantation a été ravagée par un ouragan dans la Barbade (île située dans la mer des Caraïbes) et son entreprise commerciale a fait faillite à Boston. Devenu ministre du Culte dans l'espoir de récolter enfin un peu de prestige, il est assigné dans une communauté difficile, celle de Salem Village. Celle-ci vit au rythme des conflits entre deux grandes familles, les Putnam et les Porter, et tous se méfient des étrangers. La frustration de Parris, déçu dans ses aspirations, transparaît souvent dans ses sermons.

Dans le Massachusetts, les hivers sont rudes et celui de 1691-1692 ne fait pas exception. Elizabeth (Betty) Parris, âgée de 9 ans, et Abigaïl Williams, âgée de 11 ans, respectivement la fille et la nièce du révérend Parris, passent leurs longues journées en compagnie de l'esclave de la famille, Tituba. Cette Amérindienne ramenée des Caraïbes par le révérend Parris offre un certain prestige à sa famille, car les esclaves sont rares à Salem Village. Pour divertir les jeunes filles, Tituba leur raconte des histoires de son enfance et réalise de petits tours de magie.

S'il ne s'agit que de jeux, les deux jeunes filles sont perturbées parce que le révérend Parris explique souvent dans ses sermons que la magie et la divination sont des arts maléfiques pratiqués par les suppôts de Satan. Tiraillées entre le plaisir de l'interdit et la culpabilité, Betty et Abigaïl sombrent doucement dans l'hystérie. Dès le mois de janvier 1692, les deux enfants commencent à se comporter de manière étrange. Selon les rumeurs, elles parleraient une langue inconnue, marcheraient en traînant les pieds, refuseraient les prières, et seraient prises de violentes crises de convulsions. Face à de tels symptômes, les médecins locaux ne parviennent pas à poser de diagnostic. Mais un jour, l'un des praticiens, William Griggs, évoque la possibilité d'un envoûtement satanique : « La main du diable est sur elles », dit-il (cité par CRETE (Liliane), *Les sorcières de Salem*, Paris, Julliard, 1995, p. 51). Peu à peu, d'autres jeunes filles de Salem sont touchées par les mêmes maux. Il s'agit d'Ann Putnam Jr. et d'Elizabeth Hubbard. Voisines du presbytère et amies de Betty et d'Abigaïl, elles ont certainement assisté aux séances de magie organisées par Tituba.

Si le révérend Parris refuse de croire que les filles sont ensorcelées, la rumeur d'un maléfice se répand déjà dans les rues de Salem Village. Les jeunes filles sont continuellement questionnées, afin de découvrir quelle sorcière est à l'origine de leur envoûtement. Un jour, pendant une crise de convulsions, Betty finit par murmurer le nom de Tituba. Probablement influencées par les suggestions de leurs questionneurs, Abigaïl et les autres brisent le silence et désignent à l'unanimité l'esclave ainsi que deux autres tourmenteuses, Sarah Good (1653-1692) et Sarah Osborne (1643-1692). Une plainte pour sorcellerie est alors déposée par plusieurs habitants de Salem Farms et des mandats d'arrêt sont lancés par les magistrats le 29 février 1692. Dès le lendemain, les suspectes sont interrogées.

Les trois femmes correspondent parfaitement au profil des sorcières telles que décrites dans l'imaginaire populaire. La première, Tituba, est Indienne. Par sa naissance, elle est de nature impie et destinée à servir le diable. La deuxième, Sarah Good, est une mendiante méprisée par tout Salem Village. Agressive et sale, murmurant continuellement des paroles incompréhensibles, elle est déjà suspectée d'avoir déclenché une épidémie au sein du troupeau d'un fermier. Quant à la troisième, Sarah Osborne, si elle est issue d'un milieu respectable, son comportement a bafoué l'ordre moral puritain. La vieille dame aurait pris un amant beaucoup plus jeune qu'elle, avant de l'épouser une fois veuve. Et, pire encore, elle ne fréquente plus guère l'église.

Les interrogatoires sont menés par deux magistrats de Salem Town, John Hathorne (1641-1717) et Jonathan Corwin (1640-1718). Ces derniers sont assistants à la General Court du Massachusetts et n'ont jamais traité d'affaires de sorcellerie, assez rares en Nouvelle-Angleterre.

LA SORCELLERIE EN NOUVELLE-ANGLETERRE

Les procès de Salem Village ne sont pas les premiers événements liés à la sorcellerie en Nouvelle-Angleterre, mais les autorités font généralement preuve d'une grande modération en la matière, conscientes que les diffamations sont courantes entre voisins. Entre 1648 et 1692, on compte moins de cent condamnés pour ce motif, parmi lesquels seuls cinq ont été retrouvés dans le Massachusetts. Si elles sont condamnées, les sorcières sont généralement pendues, comme c'était la coutume en Angleterre.

La meeting house, à la fois église et lieu de réunions publiques, est bondée en ce 1er mars 1692. Beaucoup d'habitants sont assez sceptiques face aux accusations de sorcellerie proférées, mais les magistrats parviennent à semer le doute dans l'assistance par des questions insidieuses. Les suspectes semblent avoir du mal à prononcer le mot « Dieu » et les confusions de deux d'entre elles sont perçues comme des mensonges. En outre, les enfants possédés, présents dans la salle d'audience, hurlent que les spectres des trois femmes ne cessent de les tourmenter ; elles ont des convulsions, grincent des dents, et se traînent par terre en se tordant douloureusement les muscles.

Malgré tout, la surprise est grande lorsque Tituba, au lieu de se défendre, avoue directement ses crimes : « Le Diable est venu me trouver et m'a demandé de le servir », dit-elle (cité par CRETE (Liliane), *Les sorcières de Salem*, Paris, Julliard, 1995, p. 66). Elle poursuit ensuite son témoignage et raconte qu'un homme vêtu de noir lui a demandé de la servir pendant six ans en échange de nombreux cadeaux. L'inconnu a ensuite ouvert un livre dans lequel Tituba a tracé une marque avec son sang. L'esclave amérindienne affirme que de nombreuses autres signatures se trouvaient dans ce livre, dont celles de Sarah Good et de Sarah Osborne. Considérant les preuves comme suffisamment accablantes, les magistrats Hathorne et Corwin envoient les trois femmes à la prison de Boston. Les graines de la folie sont désormais plantées dans les esprits. Très vite, certains émettent l'hypothèse qu'il pourrait s'agir d'un complot satanique visant à détruire Salem vu le nombre de signatures que semblait contenir le mystérieux livre aux dires de Tituba.

LE BALLET DES ACCUSATIONS

Alors que Tituba, Sarah Good et Sarah Osborne sont enfermées à une trentaine de kilomètres de Salem Village, l'état des quatre jeunes filles ne s'améliore guère. Sans doute rongées par les remords et la crainte, elles sont toujours en proie à des crises de convulsions et d'hallucinations. Plus inquiétant encore, six autres enfants semblent victimes de possessions : Mary Warren, Mary Walcott, Susannah Sheldon, Mercy Lewis, Sarah Churchill et Elizabeth Booth. Le Mal touche également des femmes plus âgées : Sarah Biber, Mrs Pope, Mrs Goodall et Mrs Putman. Cette dernière est la mère d'Ann Putman Jr., l'une des jeunes filles déjà possédées. Lésée par un héritage, insatisfaite de sa position, la femme est remplie de colère et de frustration. Obsédée par son désir de vengeance, elle se persuade que son malheur est le fruit d'un complot satanique qui pèse sur Salem Village. En temps normal, les persécutions contre les sorcières se seraient arrêtées avec l'emprisonnement des trois premières suspectes, mais le délire et la rancœur d'Ann Carr Putman vont mener les événements de Salem Village beaucoup plus loin.

Elle accuse en premier lieu Martha Corey, la femme d'un fermier de Salem, ce que d'autres possédées confirment également. Femme respectée et pratiquante assidue, le profil de Martha Corey diffère beaucoup de celui des trois premières inculpées. Par conséquent, les magistrats comme les habitants de la ville ont de sérieux doutes quant à sa culpabilité. Mais Martha Corey est du genre effronté, et elle se défend en niant l'existence des sorcières et ne montre aucune sympathie envers les affligées. Le magistrat Hathorne l'interroge assez durement et, ayant acquis suffisamment de témoignages pour la juger coupable, l'envoie à la prison de Salem Farms.

Dessin représentant Martha Corey dans sa cellule.

L'interrogatoire de Dorcas Good (née en 1687), la fille de la sorcière Sarah Good, choque une nouvelle fois la population. Celle-ci est suspectée d'avoir tourmenté les affligées, succédant à sa mère dans sa tâche malveillante. La fillette, tout juste âgée de cinq ans, prétend avoir reçu d'elle un serpent, un familier qui se nourrit en suçant son doigt. La fillette porte en effet deux petites marques sur son doigt et, même s'il pourrait s'agir d'une simple piqûre, cette preuve suffit aux magistrats pour l'incarcérer.

LE SAVIEZ-VOUS ?

Dans la démonologie, les familiers sont des animaux de petite taille par l'intermédiaire desquels le diable transmet des pouvoirs à ses victimes.

C'est ensuite au tour de Rebbeca Nurse (1621-1692) de passer sur le banc des accusés. Femme respectée, pieuse et charitable, personne ne voyait en elle une sorcière. Mais l'interrogatoire de Dorcas Good a laissé des marques : si le diable peut corrompre une enfant de cinq ans, pourquoi ne pourrait-il pas rallier une femme pieuse à sa cause ? Dans le doute, Rebbeca Nurse est envoyée en prison.

Les accusations s'enchaînent et l'affaire prend de telles dimensions que les audiences sont déplacées à la meeting house de Salem Town pouvant accueillir plus de monde. D'autres magistrats viennent même appuyer les interrogatoires, comme le juge Samuel Sewall (1652-1730) et son frère Stephen (1657-1725). Réputé éclairé et bienveillant, le juge Samuel Sewall ne parvient pas à calmer la situation. Les possédées continuent leur jeu macabre, alimenté par les questions ambiguës des magistrats, l'amertume du révérend Parris et le délire obsessionnel d'Ann Carr Putman.

Les sorcières ne sont plus seulement désignées à Salem, mais aussi dans les villes et villages alentour. Si certaines mises en accusation semblent évidentes, comme celle de Bridget Bishop (1632-1692), une aubergiste qui a probablement assassiné son mari et qui, selon les rumeurs, pratique la magie noire, d'autres sont plus surprenantes, comme celles de Mary Easty, une voisine bienveillante et un des piliers de l'église. D'autres sont encore plus fantaisistes comme c'est le cas des accusations portant sur Philip English (né en 1651), un très riche armateur de Salem, sur le ministre du Culte George Burroughs (1652-1692) ou encore sur le capitaine John Alden (1626-1702), héros de multiples guerres menées contre les Indiens. Salem semble avoir sombré dans la folie.

JUGEMENTS ET CONDAMNATIONS

Au début de l'année 1692, la vie politique est suspendue à Salem. Le Massachusetts doit en effet négocier une nouvelle charte avec l'Angleterre. Sans autorités juridiques, les tribunaux du Massachusetts ne peuvent pas rendre de verdicts. C'est pourquoi les premières inculpées passent de très longs mois dans les prisons de Salem, de Boston et des environs. Les conditions y sont épouvantables, et Sarah Osborne, âgée et affaiblie, décède dans sa cellule le 10 mai 1692.

Le 14 mai, le nouveau gouverneur, sir William Phips (1651-1695) fraîchement débarqué à Boston, doit faire face à une réalité inquiétante : la ville de Salem serait en proie à de très nombreuses possessions sataniques. En vue d'apaiser la situation, il fonde une dizaine de jours plus tard la *Special Court of Oyer and Terminer* (littéralement « un tribunal pour entendre et juger »). Neuf juges sont nommés pour mener ces procès, parmi lesquels se trouvent Samuel Sewall, John Hathorne et Jonathan Corwin. William Stoughton (1631-1701), gouverneur adjoint, devient président du tribunal.

Ne parvenant pas à distinguer les preuves des rumeurs, les juges demandent conseil aux ministres du Culte de Boston, notamment Cotton Mather (1663-1728), une figure puritaine réputée, qui a une connaissance étendue en matière de chasse aux sorcières. Le débat est agité entre les pasteurs et les magistrats. Les premiers préconisent la prudence malgré leurs sermons endiablés, et considèrent que la preuve spectrale n'est pas suffisante pour condamner une sorcière. Les ministres du Culte se méfient en effet des dénonciations publiques et insistent sur la nécessité de se référer à de preuves tangibles. Pour les magistrats Stoughton et Hathorne, par contre, la souffrance des affligées est une preuve bien suffisante de la culpabilité des suspects.

La première à être jugée est l'aubergiste Bridget Bishop, le 2 juin 1692. Sa culpabilité ne faisant aucun doute, les jurés la déclarent coupable, même si elle ne cesse de proclamer le contraire. Les juges la condamnent à mort et, le 10 juin, Bridget Bishop est pendue à l'écart de la ville, sur Gallow's Hill, la colline aux gibets.

Tous les inculpés ne sont pas condamnés avec la même unanimité. Ainsi, Rebecca Nurse, une vieille dame dont tous les voisins vantent la gentillesse et la piété, parvient à s'attirer la clémence du jury et est déclarée non coupable. Mais le verdict déclenche un tonnerre de hurlements et les affligées sont prises de convulsions. Les membres tordus, elles demandent la mort de Rebecca Nurse. Le juge sollicite alors la révision du verdict pour que cesse le tourment des victimes. Elle est conduite à Gallow's Hill le 19 juillet, en compagnie de quatre autres condamnées, dont Sarah Good, pour y être pendue.

Gravure du procès de Salem.

La condamnation à mort d'une femme comme Rebecca Nurse entraîne un mouvement de panique. Si une pratiquante aussi vertueuse est pendue, personne n'est à l'abri. Certaines familles décident alors de fuir Salem avant que la situation ne s'envenime encore. D'autres habitants prennent également le large après avoir été désignés par les affligées, de peur d'affronter les questions des magistrats. Les plus riches parviennent généralement à sortir de la juridiction en se réfugiant dans des villes comme New York. Mais les fuyards sont pourchassés et parfois rattrapés par les auto-rités. En outre, plusieurs incarcérés, parmi lesquels le riche armateur Philip English et le capitaine John Alden, parviennent à s'échapper de prison.

Les procès se poursuivent. Cinq personnes sont pendues en août, et huit autres en septembre. Mais les jugements sont loin de suivre le rythme effréné des accusations : les enfants dénoncent leurs parents, les maris se méfient de plus en plus de leur femme, les pauvres se vengent des puissants. En tout, ce sont plus de 150 personnes qui sont emprisonnées pour motif de sorcellerie. Outre les dix-neuf pendaisons, sept personnes sont mortes en détention. Enfin, un vieil homme nommé Giles Corey (1611-1692) est condamné à être supplicié pour avoir refusé de témoigner au procès de sa femme, Martha. La cage thoracique écrasée par des pierres, il agonise pendant trois jours. Sa mort porte à 27 le nombre total des victimes de ces procès pour sorcellerie.

RÉPERCUSSIONS

LA CHUTE DE SALEM ET DES PURITAINS

À la fin de l'été 1692, les prêtres puritains s'opposent de plus en plus aux méthodes employées par les magistrats et souhaitent obtenir des éléments plus tangibles qu'une simple preuve spectrale pour condamner les accusés. Alors qu'ils parviennent à rallier leur congrégation à cette opinion, les procès de sorcellerie perdent progressivement le soutien de l'opinion publique. Le jugement des affligées est mis en doute et, puisqu'elles sont moins sollicitées, leurs crises d'hystérie finissent par s'espacer. Peu à peu, la population commence à douter de la véracité des événements et craint que des innocents n'aient été condamnés à tort.

Se ralliant à l'avis de tous, le gouverneur William Phips dissout la *Special Court of Oyer and Terminer* en octobre, et déclare que la preuve spectrale n'est désormais plus recevable. De nombreux prisonniers sont libérés et les procès se font de moins en moins nombreux. Les derniers condamnés à mort sont finalement graciés par le gouverneur qui déclare l'amnistie générale. Cela ne signifie pas pour autant que tous les suspects sont remis en liberté. En effet, les frais de prison doivent être remboursés avant l'ouverture des cellules et beaucoup n'ont pas les moyens de le faire. Ainsi, le révérend Parris refuse de payer la libération de Tituba, qu'il considère comme responsable de tous ces événements.

Alors qu'Increase Mather (1639-1723), président de Harvard et puritain respecté, écrit une tirade restée célèbre : « Il vaut mieux laisser échapper dix supposées sorcières que de condamner une seule personne innocente » (cité par CRETE (Liliane), *Les sorcières de Salem*, Paris, Julliard, 1995, p. 280), son fils, Cotton Mather, choisit de poursuivre le combat contre Satan. En effet, même s'il a toujours prôné la modération dans les procès de Salem, il n'a jamais douté de l'existence du diable. Dans ses écrits sur le satanisme, il défend les magistrats de la *Court of Oyer and Terminer*, mais son obsession finit par détruire sa réputation.

Pendant deux siècles, les puritains seront considérés comme les principaux responsables des drames qui ont eu lieu à Salem, et leur influence ne cessera de diminuer. Dans un monde anglo-saxon qui insiste sur la modération dans les procès de sorcellerie, les puritains sont accusés d'avoir enflammé les passions par leurs discours. Les écrits de Cotton Mather contribuent fortement à forger cette accusation. Pourtant, les responsables restent les magistrats, particulièrement zélés dans la poursuite des sorcières de Salem.

Les conséquences ne sont pas seulement d'ordre psychologique. Auparavant très prospère, la ville subit un sévère revers économique en 1692. En effet, beaucoup de villageois ont délaissé leur travail pour suivre l'évolution des procès, alors que d'autres ont fui la région par peur d'être traduits en justice, faisant diminuer nettement la production.

LES CAUSES D'UNE HYSTÉRIE COLLECTIVE

Beaucoup de chercheurs ont tenté de comprendre les raisons qui ont poussé une communauté telle que celle de Salem à pourchasser des sorcières de manière aussi effrénée. L'événement peut sembler anodin comparé aux grandes persécutions européennes, beaucoup plus violentes et plus spectaculaires, mais dans le monde anglo-saxon, d'habitude si modéré dans les procès de sorcellerie, les faits restent exceptionnels.

Dans cette affaire, certains ne voient dans les accusateurs que des enfants investis d'un trop grand pouvoir. À la manière d'un jeu, elles auraient désigné ceux qu'elles voulaient voir disparaître. Mais Betty

Parris, Abigaïl Williams, Mercy Thompson et les autres sont réellement malades. Souffrant de troubles psychologiques, ces jeunes filles sont probablement de bonne foi, mais le mal qui les possède ne sera correctement diagnostiqué qu'au XXe siècle par la médecine moderne. Il s'agirait en effet de cas d'hystérie, une névrose qui entraîne des crises émotionnelles incontrôlables. Cette maladie est notamment favorisée par certaines phobies ou un environnement stressant.

Le climat d'angoisse permanent qui règne à Salem a donc probablement joué un rôle majeur dans l'événement. Au moment des faits, les Britanniques sortaient tout juste d'un important conflit avec la France, tandis que Salem a connu une importante épidémie de variole, peu de temps auparavant, et que de nombreuses escarmouches se produisaient continuellement avec les tribus indiennes. Alors que de plus en plus d'étrangers sont attirés par le prestige de la ville, les puritains craignent de ne pas garder leurs privilèges. Enfin, le sort de la colonie est en suspens, puisqu'au début de l'an 1692, une nouvelle charte est en négociation avec la couronne d'Angleterre. Tous ces éléments contribuent à faire naître une peur, une tension et une méfiance constantes, tissant ainsi un contexte favorable aux crises d'hystérie en masse.

Enfin, une théorie assez répandue tente d'expliquer les événements par une contamination par l'ergot de seigle. Ce champignon, qui se développe dans les céréales (notamment le seigle), contient une substance dérivée du LSD, qui a la propriété de provoquer des hallucinations.

QUAND LES BOURREAUX DEMANDENT PARDON

Pendant 20 ans, les responsables des événements vont demander pardon pour expier leurs péchés. Le juge Samuel Sewall présente même des excuses personnelles pour son implication dans les événements. Rapidement, la cour de justice du Massachusetts déclare interdits les procès pour cause de sorcellerie, suivie en cela par l'ensemble de la Nouvelle-Angleterre : plus aucune sorcière ne sera condamnée par les autorités américaines. En outre, une loi de la Massachusetts Bay Company, datée de 1711, offre des compensations financières aux héritiers des victimes.

Mais les dommages causés à la communauté de Salem ne peuvent être effacés avec des mots et de l'argent. Les événements de 1692 restent un épisode douloureux de l'histoire coloniale américaine, qui marque durablement les mentalités.

EN RÉSUMÉ

- Au cours du XVIIᵉ siècle, l'Angleterre part à la conquête de l'Amérique, fondant 13 colonies le long de la côte orientale. Salem, une ville puritaine prospère, est fondée en 1628 dans le Massachusetts. La vie y est toutefois rude à cause de l'hostilité des Indiens et les guerres menées contre les Français.

- Durant l'hiver 1691-1692, la fille et la nièce du révérend Parris occupent leurs journées avec l'esclave de la famille, Tituba, qui leur apprend des tours de magie et la divination. Éprouvant de la culpabilité face à ces pratiques interdites par la Bible, elles sont sujettes à des crises d'hystérie qui laissent penser qu'elles sont possédées par des démons.

- Rapidement, d'autres filles de Salem Village sont prises des mêmes maux. Les affligées finissent par donner le nom de leurs prétendues tortionnaires : l'esclave Tituba, la mendiante Sarah Good et l'immorale Sarah Osborne. Toutes les trois correspondent au profil type de la sorcière.

- À la surprise générale, quand Tituba est interrogée par deux magistrats, elle avoue directement avoir passé un pacte avec le diable. Elle prétend également que bien d'autres sorcières sévissent à Salem, ce qui soulève un vent de panique sur la ville.

- De nouvelles victimes se font connaître et désignent à leur tour d'autres prétendues sorcières. Les accusations en amènent d'autres, et personne n'est à l'abri d'un procès. Même les élites, comme les ministres du Culte, les riches marchands ou encore les héros de guerre, sont jugées pour pratiques sataniques. Plus de 150 personnes sont incarcérées, et les prisons sont saturées de sorcières.

- En mai 1692, le nouveau gouverneur William Phips crée une *Special Court of Oyer and Terminer* pour régler les problèmes de sorcellerie. Les magistrats conduisent 19 personnes au gibet, malgré les tentatives d'apaisement des pasteurs puritains.

- Suite à l'opposition du clergé et d'une partie grandissante de l'opinion publique, la *Court of Oyer and Terminer* est dissoute en octobre 1692. Les derniers condamnés sont graciés, et les prisonniers pour motif de sorcellerie bénéficient d'une amnistie.
- Les autorités du Massachusetts passent les 20 années suivantes à faire pénitence pour les innocents envoyés au gibet. Certains magistrats s'excusent publiquement, et des indemnités sont versées aux familles des victimes. Mais le mal est fait et le tragique épisode marquera l'imaginaire populaire pour les siècles à venir.

POUR ALLER PLUS LOIN

SOURCES BIBLIOGRAPHIQUES

- BECHTEL (Guy), *La sorcière et l'Occident*, Paris, Plon, 1997.
- BERNAND (Carmen) et GRUZINSKI (Serge), *Histoire du nouveau monde*, Paris, Fayard, 1991-1993.
- CRETE (Liliane), *Les sorcières de Salem*, Paris, Julliard, 1995.
- GRAGG (Larry), *The Salem Witch Crisis*, New York, Praeger, 1992.
- LACROIX (Jean-Michel), *Histoire des États-Unis*, Paris, PUF, 2006.
- *L'atlas des religions*, Paris, Le Monde et Malesherbes Publications, 2015.
- MORGAN (Edmund S.), *The Puritan Family : Religion and Domestic Relations in Seventeenth-Century New England*, New York, Harper and Row, 1966.
- MUCHEMBLED (Robert), *Une histoire du diable (XIIe-XXe siècle)*, Paris, Seuil, 2002.
- PALOU (Jean), *La sorcellerie*, Paris, PUF, 1992.
- WAYNE (Andrews), *Concise Dictionary of American History*, Londres, Oxford University Press, 1967.

SOURCES COMPLÉMENTAIRES

- ARONSON (Marc), *Witch-Hunt : Mysteries of the Salem Witch Trials*, New York, Simon and Schuster, 2003.
- CARO BAROJA (Julio), *Les sorcières et leur monde*, Paris, Gallimard, 1972.
- GINZBURG (Carlo), *Le sabbat des sorcières*, Paris, Gallimard, 1992.
- HILL (Frances), *A Delusion of Satan : The Full Story of the Salem Witch Trials*, Boston, Da Capo Press, 2002.
- MILLER (Arthur), *Les sorcières de Salem*, Paris, Robert Laffont, 1961.

- MUCHEMBLED (Robert), *La sorcière au village (XVe-XVIIIe siècle)*, Paris, Gallimard, 1979.
- ROACH (Marilynne K.), *The Salem Witch Trials, a Day-By-Day Chronicle of a Community Under Siege*, Lanham, Taylor Trade Publishing, 2004.

SOURCES ICONOGRAPHIQUES

- Dessin représentant Martha Corey dans sa cellule. La photo reproduite est réputée libre de droits.
- Gravure du procès de Salem. La photo reproduite est réputée libre de droits.

DOCUMENTAIRE ET RESSOURCES

- *Salem Witch Trials*, http://salem.lib.virginia.edu/home.html. Site compilant de multiples ressources sur les procès de Salem (archives, articles, biographies, cartes, etc.).
- *Ensorcelés*, documentaire de Mark Lewis, Royaume-Uni, 2002.

MUSÉES ET BÂTIMENTS COMMÉMORATIFS

- Musée des sorcières de Salem, sur le Washington Square North à Salem (États-Unis).
- *The Witch House*, la maison du magistrat Jonathan Corwin, à Salem.
- Le mémorial des victimes de sorcellerie à Salem Village, Danvers (États-Unis).

www.50minutes.com

Éditeur responsable : Lemaitre Publishing
Rue Lemaitre 6 | BE-5000 Namur
info@lemaitre-editions.com

ISBN ebook : 978-2-8062-6422-0
ISBN papier : 978-2-8062-6423-7
Dépôt légal : D/2015/12603/191
Photo de couverture : réputée libre de droits.

Conception numérique : Primento,
le partenaire numérique des éditeurs